La Riviera de Maupassant

PIERRE JOANNON

DEMAISTRE

Bastide du Bosquet

avenue du Bosquet (au 14, chemin des Sables), Antibes

Le Midi que Maupassant fait découvrir à son narrateur dans *Les Soeurs Rondoli* est une symphonie de couleurs, de sons et de parfums : cri des cigales que l'on dirait jailli de la terre brûlée, roses multicolores ruisselant en cascades luxuriantes, odeur de sel et d'algues mêlée aux senteurs sucrées des forêts d'orangers, lave incandescente du soleil plongeant dans le bleu vif d'une mer étale.

C'est à trente trois ans révolus que Guy de Maupassant s'éprend des horizons langoureux de ce paradis des roses qu'il n'a fait qu'entrevoir en mai 1882. Au printemps 1884 et au cours de l'hiver 1884-1885, il s'installe à demeure, Villa Monplaisir (1) à Cannes, non loin de la Croisette où déambulent sous des ombrelles diaphanes les petites comtesses perverses qui allument une flamme de convoitise dans son regard. Lors de ce premier long séjour, il fait des ronds dans l'eau à bord de la Louisette, frêle esquif acheté l'année précédente, entoure de prévenance sa mère malade, travaille avec entrain à *Bel Ami*, et subit les agaceries épistolaires d'une admiratrice sous l'anonymat de qui se dissimule une jeune Russe minée par la tuberculose, Marie Bashkirtseff.

Maupassant découvre Antibes à la veille de Noël 1885. Un ancien officier de marine, Maurice Muterse, lui loue la villa Le Bosquet (8), maison provençale en retrait du chemin des Sables, où il s'installe avec sa mère et François Tassart, valet fidèle et chroniqueur approximatif des quelques années qu'il lui reste à vivre.

Le matin, il s'enferme pour écrire ou, son chapeau gris rabattu sur les yeux, sa grosse canne ferrée à la main, il se dirige d'un pas vif vers le Cap d'Antibes, *un cap solitaire comme une lande de Bretagne*. Il reste de longs moments à observer les femmes habillées en hommes qui, grimpées dans les oliviers, gaulent énergiquement les branches pour en faire choir les olives aussitôt collectées et mises en sac par les ramasseuses. Il déjeune avec sa mère et prend le café sur un banc au soleil en discutant avec elle de l'oeuvre en cours. Il lui arrive aussi de descendre au port Aubernon (9), dans la baie de la Salis, où la Louisette tire sur son ancre. Toutefois, cette *baleinière ouverte*, toute blanche avec un filet le long du bordage, n'est bonne qu'à caboter par temps calme.

Le succès foudroyant de *Bel Ami* permet à Maupassant de troquer sa jolie barque blanche contre un yacht gréé en cotre, long de onze mètres et jaugeant neuf tonnes en douane. Ce Bel Ami, premier du nom, a fière allure : coque noire basse sur l'eau, voilure débordante à

Le port d'Antibes avant 1900

Le port et la vieille ville d'Antibes
aux premières heures de la matinée

l'avant et à l'arrière, deux focs, trinquette, grand voile et flèche. Maupassant ne se lasse pas de manoeuvrer la barre en cuivre rouge massif sous l'oeil attendri de Bernard et de Raymond, les marins que lui a procurés Muterse.

Que vous dirais-je d'ici ?, écrit-il le 2 mars 1886 à Hermine Lecomte du Noüy, la plus froide de ses belles amies, *Je navigue et je travaille surtout. Je fais une histoire de passion très exaltée, très alerte et très poétique.* C'est *Mont-Oriol* qu'il paraphe d'Antibes, Villa Muterse, 1886. Dans la même lettre, il s'en prend avec une verve féroce, aux têtes couronnées qui adornent le littoral : *Je vais souvent à Cannes qui est aujourd'hui une cour ou plutôt une basse-cour de rois. Rien que des altesses.* Il se tient à l'écart de cette société dont la frivolité l'exaspère. La bêtise universelle impose à l'homme libre d'ignorer son prochain pour ne pas s'exposer à la contagion des idées morales professées par les imbéciles. Tel est son credo du moment.

Avant de repartir pour la capitale, il loue le Chalet des Alpes, route de la Badine (10), d'où l'on jouit d'une vue imprenable sur les montagnes, Nice et le petit port d'Antibes. Maupassant va passer sept mois dans cette thébaïde, d'octobre 1886 à avril 1887. Tôt levé, il écrit jusqu'à onze heures, prend sa douche et déjeune à midi. A deux heures, il fait une promenade dans les bois à droite de Vallauris où les ravins seuls servent de route. Deux fois par semaine, il croise le fer avec un prévôt militaire. De temps à autre, il rend visite à son frère Hervé qui dirige une petite exploitation horticole à la Fontonne.

Dans *Madame Parisse*, Maupassant décrit Antibes sous les derniers feux du soleil couchant : *Je n'avais rien vu d'aussi surprenant et d'aussi beau. La petite ville enfermée en ses lourdes murailles de guerre construites par M. de Vauban, s'avançait en pleine mer, au milieu de l'immense golfe de Nice. La haute vague du large venait se briser à son pied, l'entourant d'une fleur d'écume ; et on voyait, au-dessus des remparts, les maisons grimper les unes sur les autres jusqu'aux deux tours dressées dans le ciel comme les deux cornes d'un casque antique (12). Et ces deux tours se dessinaient sur la blancheur laiteuse des Alpes, sur l'énorme et lointaine muraille de neige qui barrait l'horizon... Et le ciel, au-dessus des Alpes, était lui-même d'un bleu presque blanc, comme si la neige eût déteint sur lui ; quelques nuages d'argent tout près des sommets pâles ; et de l'autre côté du golfe, Nice couchée au bord de l'eau s'étendait comme un fil blanc entre la mer et la montagne.*

Ce spectacle lui serre le coeur, comme s'il pressentait son destin fracassé : *C'était une de ces choses si douces, si rares, si délicieuses à voir qu'elles entrent en vous, inoubliables comme des souvenirs de bonheur.* Lui à qui le bonheur sera cruellement marchandé, lui sur qui s'apprêtent à fondre la folie et la mort, lui qui se flatte d'avoir contemplé les plus belles villes du monde, le voilà qui proclame avec fougue : *Eh bien, je n'ai rien vu de plus surprenant qu'Antibes debout sur les Alpes au soleil couchant. Et je ne sais pourquoi des souvenirs antiques me hantent ; des vers d'Homère me reviennent en tête ; c'est une ville du vieil Orient, ceci c'est une ville de l'Odyssée, c'est Troie, bien que Troie fut loin de la mer [...] Côte d'Asie ou côte d'Europe, les villes se ressemblent sur les deux rivages ; et il n'en est point sur l'autre bord de la Méditerranée qui éveille en moi, comme celle-ci, le souvenir des temps héroïques.*

Le 23 février 1887, la petite cité corsetée de remparts sera brutalement réveillée de sa torpeur. La nuit est belle, constellée d'étoiles.

L'île Sainte-Marguerite et l'Esterel

A l'horizon, Nice brille des mille feux de son carnaval agonisant. Au Chalet des Alpes, on s'est couché tard. Soudain, entre cinq et six heures du matin, un craquement sinistre rompt le silence. Il semble que la charpente de la maison soit sur le point d'éclater comme une noix. Maupassant n'a pas plutôt sauté à bas de son lit qu'il est projeté violemment contre le mur de la chambre. Aucun doute n'est permis : c'est un tremblement de terre. *Au jardin, vite,* hurle-t-il à pleins poumons. Un bruit sourd accompagne la deuxième secousse. François et sa mère sont saufs. Mais la maison a beaucoup souffert : fissures et lézardes zèbrent les murs ; certains planchers n'adhèrent plus. Pour plus de sûreté, on se réfugie dans la cahute du jardinier. Au petit matin, tout danger semble écarté, les deux hommes se risquent dans le chalet. Survient une nouvelle secousse, brève et violente. La première surprise passée, on ne s'inquiète plus. L'après-midi, Maupassant descend en ville. Le tremblement de terre, s'il a jeté des centaines de sans-abri à la rue, n'a fait qu'un mort et quelques blessés. Somme toute, Antibes ne s'en est pas trop mal tiré. L'auteur de *Mont-Oriol* ignore qu'au même instant Friedrich Nietzsche, amusé par ce coup du sort qu'il ne laisse pas de trouver facétieux, arpente gaiement les ruelles encombrées de gravats du Vieux Nice.

La vie reprend son cours normal. Par précaution, on déménage au rez-de-chaussée. Maupassant installe son cabinet de travail dans une grande galerie vitrée qui, le soir venu, sert de chambre à François. Pour parer à toute éventualité, les portes sont laissées grandes ouvertes, de jour comme de nuit, même la porte d'entrée qui donne sur la route où défile *la crème des vagabonds vomis par l'Italie*. Quelques piécettes suffisent à les éloigner. On ne déplore ni lazzis ni larcins. François n'en revient pas !

Un soir, note-t-il encore, *on remarqua que les feux des bivouacs avaient beaucoup augmenté sur les fortifications d'Antibes ; plus de deux cents ménages vivaient là maintenant, ayant dû quitter leurs demeures qui menaçaient ruines, après tant de secousses répétées. Mon maître m'emmena un soir les visiter ; il fut très généreux pour ces gens qu'il voyait vraiment dans le besoin. C'était un tableau navrant de misère et de tristesse ; sur deux paillasses réunies dormaient la mère et quatre enfants. A côté, toute une famille, depuis l'aïeule jusqu'aux derniers venus ; par-ci par-là, des poêles, des veilleuses, des lampes juives, accrochées à des montants en bois. C'était lugubre, mais heureusement il ne faisait pas froid.*

Janvier 1888 : Maupassant et sa mère s'installent à Cannes, Villa Continentale (2), dans un appartement de trois pièces tendues de toile de Gênes et inondées de soleil. Il s'attelle à *Fort comme la mort, vision de la vie terrible, tendre et désespérée.*

Il se remémore une excursion au Mont des Serpents, sur les hauteurs de La Napoule, effectuée en 1886. Elle lui avait fourni le décor sauvage et parfumé de la nouvelle intitulée "L'Ermite" : *Je partis de Cannes, à cheval, un matin de mars. Laissant ma bête à l'auberge de La Napoule, je me mis à gravir à pied ce singulier cône, haut peut-être de cent cinquante à deux cents mètres et couvert de plantes aromatiques, de cistes surtout, dont l'odeur est si vive et si pénétrante qu'elle trouble et cause un malaise. Le sol est pierreux et on voit souvent glisser sur les cailloux de longues couleuvres qui disparaissent dans les herbes [...] La vue de là est admirable. C'est, à droite, l'Esterel aux sommets pointus, étrangement découpés ; puis la mer démesurée, s'allongeant jusqu'aux côtes lointaines de l'Italie, avec ses caps nombreux et, en face de Cannes, les îles de Lérins, vertes et plates, qui semblent flotter et dont la dernière présente vers le large un haut et vieux château fort à tours crénelées, bâti dans les flots mêmes* (16).

Du 6 au 14 avril 1888, le Bel Ami appareille pour la croisière en Méditerranée dont Maupassant voudrait nous faire accroire qu'elle lui inspira *Sur l'Eau*, ce journal d'ivresse et de désenchantement qui est un savant montage de textes antérieurs et d'impressions nouvelles, portrait de l'artiste écartelé entre terre et mer !

La "Maison close" d'Alphonse Karr

auj. "Aigue marine" au 313, av. Poincaré, Saint-Raphaël

Par un froid sec descendu de la montagne, le Bel Ami a quitté le port aux petites heures de l'aube. Maupassant est à la barre emmitouflé dans un veston de mer en peau de bête, la tête protégée par une chaude casquette. *Doublant le Cap d'Antibes, nous découvrons les îles de Lérins, et loin par derrière, la chaîne tourmentée de l'Esterel. L'Esterel est le décor de Cannes, charmante montagne de keepsake, bleuâtre et découpée élégamment, avec une fantaisie coquette et pourtant artiste, peinte à l'aquarelle sur un ciel théâtral par un créateur complaisant pour servir de modèle aux Anglaises paysagistes et de sujet d'admiration aux altesses phtisiques ou désoeuvrées.* Le soleil est à présent haut sur l'horizon. Les îles de Lérins se découpent, semblables à *deux îles d'opérette placées là pour le plus grand plaisir des hivernants et des malades,* tandis que disparaît au loin la

Les blocs de porphyre de l'Esterel

Les granits pourpres, ces os de la terre, semblaient rougis par le soleil (Sur l'Eau)

petite bourgade de Juan les Pins *qui sera peut-être, plus tard, la plus jolie station de toute la Côte.*

Le Bel Ami remonte au vent, passe au large de La Napoule, pénètre en rade d'Agay (23). Au jour levant, les marins s'affairent et sortent des palangres. Guy, Bernard et Raymond sautent dans le youyou pour aller tendre leurs filets au pied du Dramont, près de l'Ile d'Or (24). Le bonheur irradie le visage de Maupassant : *De toute la côte du Midi, c'est ce coin que j'aime le plus. Je l'aime comme si j'y étais né, comme si j'y avais grandi, parce qu'il est sauvage et coloré, que le Parisien, l'Anglais, l'Américain, l'homme du monde et le rastaquouère ne l'ont pas encore empoisonné.*

A quai, Maupassant, soudain dégrisé, retrouve les pesanteurs de la terre, la comédie du grand monde, l'affligeante promiscuité des pasteurs confits en dévotion et des rêches filles d'Albion, et l'omniprésence de la mort qui coiffe comme une chape cette Riviera peuplée de Marguerite Gautier à l'agonie : *Depuis Cannes, où l'on pose, jusqu'à Monaco, où l'on joue, on ne vient guère dans ce pays que pour fairè des embarras ou tripoter de l'argent, pour étaler, sous le ciel délicieux, dans ce jardin de roses et d'orangers, toutes les basses vanités, les sottes prétentions, les viles convoitises, et bien montrer l'esprit humain tel qu'il est, rampant, ignorant, arrogant et cupide.*

Les villes du littoral excitent sa verve de polémiste. Voici Cannes et ses altesses impériales et royales : têtes couronnées ou monarques détrônés sans ressources ni sujets. La Croisette (3) est une ruche bourdonnante de courtisans qui ne savent plus à quel prince se vouer : *Ceux-là tournent autour de leurs idoles avec un empressement religieux et comique, et, dès qu'ils sont privés d'une, se mettent à la recherche d'une autre, comme si leur bouche ne pouvait s'ouvrir que pour prononcer "Monseigneur" ou "Madame" à la troisième personne. On ne peut les voir cinq minutes sans qu'ils racontent ce que leur a répondu la princesse, ce que leur a dit le grand-duc, la promenade projetée avec l'un et le mot spirituel de l'autre. On sent, on voit, on devine qu'ils ne fréquentent point d'autre monde que les personnes de sang royal, que s'ils consentent à vous parler, c'est pour vous renseigner exactement sur ce qu'on fait dans ces hauteurs.*

Si Cannes est la cour de récréation des souverains et des princes, Menton est l'antichambre parfumée de la mort lente : *Menton, capitale des poitrinaires, célèbre pour ses tubercules pulmonaires. Tout différent du tubercule de la patate qui vit et pousse dans la terre pour*

La Croisette, Cannes, à la Belle Epoque | **Cimetière de Menton**

nourrir et engraisser l'homme, ce genre de végétation vit et pousse dans l'homme pour nourrir et engraisser la terre.

Je me rappelle Menton, la plus chaude, la plus saine de ces villes d'hiver. De même que dans les cités guerrières on voit les forteresses debout sur les hauteurs environnantes, ainsi de cette plage d'agonisants on aperçoit le cimetière au sommet d'un monticule. De tombe en tombe, on va, lisant les noms de ces êtres tués si jeunes, par l'inguérissable mal. C'est un cimetière d'enfants, un cimetière pareil à ces bals blancs où ne sont point admis les gens mariés. De ce cimetière, la vue s'étend à gauche, sur l'Italie, jusqu'à la pointe où Bordighera allonge dans la mer ses maisons blanches ; à droite, jusqu'au Cap Martin, qui trempe dans l'eau ses flancs feuillus.

Antichambre de la mort, Menton est, de surcroît, la villégiature de prédilection des fils et des filles d'Albion. La capitale du citron sert de décor à la nouvelle intitulée "Nos Anglais", écrite d'une plume sardonique qui annonce les dessins au vitriol de Léandre et Willette dans *L'Assiette au beurre*. Ce ne sont que pasteurs maigres, compassés et arrogants, flanqués de misses étiques aussi séduisantes que des conserves dans le vinaigre. Maupassant livre en souriant la morale de ce petit conte féroce : *Mettre en garde certains voyageurs contre le danger des Anglais en voyage [...] Il existe des Anglais charmants, j'en connais et beaucoup. Mais ce ne sont pas, en général, nos voisins d'hôtel.*

Et voici enfin cette Principauté de Monaco gouvernée par le protocole et la martingale, le cérémonial et la convoitise, le sceptre et la roulette. Maupassant l'évoque à la fin de *Sur l'Eau*, en contrepoint aux sensations de liberté et de plénitude de la vie en mer. *Je voudrais avoir le loisir de parler longuement de cet Etat surprenant, moins grand qu'un village de France, mais où l'on trouve un souverain absolu, des évêques, une armée de jésuites et de séminaristes plus nombreuse que celle du Prince, une artillerie dont les canons sont presque rayés, une étiquette plus cérémonieuse que celle de feu Louis XIV, des principes d'autorité plus despotes que ceux de Guillaume de Prusse, joints à une tolérance magnifique pour les vices de l'humanité, dont vivent le souverain, les évêques, les jésuites, les séminaristes, les ministres, l'armée, la magistrature, tout le monde. Saluons d'ailleurs ce bon roi pacifique qui, sans peur des invasions et des révolutions, règne en paix sur son heureux petit peuple au milieu des cérémonies d'une cour où sont conservées intactes les traditions de quatre révérences, de vingt-six baisemains et de toutes les formules usitées autrefois autour des Grands Dominateurs.*

Du palais qui incarne la tradition et la durée, on passe au Casino où prospère l'arrivisme et triomphe l'éphémère. Entre les deux, point de guerre, mais une intelligente et fructueuse entente. *Ici la maison souveraine et là la maison de jeux, l'ancienne et la nouvelle société fraternisant au bruit de l'or.* Maupassant pénètre dans l'antre de cette divinité qui rend fou ceux dont les yeux ne peuvent quitter la boule et le râteau auxquels sont suspendus le rêve, la fortune et la ruine.

Autour des tables, un peuple affreux de joueurs, l'écume des continents et des sociétés, mêlée avec des princes, ou rois futurs, des femmes du monde, des bourgeois, des usuriers, des filles fourbues, un mélange, unique sur la terre, d'hommes de toutes les races, de toutes les castes, de toutes les sortes, de toutes les provenances, un musée de rastaquouères russes, brésiliens, [...] de jeunes drôlesses portant au poignet un petit sac où sont enfermées des clefs, un mouchoir et trois dernières pièces de cent sous destinées au tapis vert quand on croira sentir la veine. C'est l'enfer de Dante après le paradis entrevu à Agay dans le scintillement du soleil sur l'eau.

A Marseille, le 23 janvier 1889, il achète le Zingara, cotre anglais à coque noire et frange d'or, taillé dans un superbe chêne blanc d'Ecosse, long de 14 mètres 60, jaugeant 13,36 tonneaux en douane. Equipé d'un spinnaker et lesté de sept tonnes de plomb et de huit tonnes de fonte, il comporte un salon, une salle à manger pour dix personnes et une cabine spacieuse. Payé sept mille francs comptant, il est aussitôt rebaptisé Bel Ami II, et envoyé aux chantiers Ardouin d'Antibes pour être radoubé en cuivre, lesté plus fortement et doté d'une voilure plus grande et mieux pourvue en focs.

Enchanté par son nouveau jouet, Maupassant embarque ducs, princesses et marquises pour de joyeuses promenades en mer. A l'intention des canotiers de Chatou, ses vieux compagnons, et des aguichantes chanteuses de cafés-concerts, il organise, entre les îles, des parties de pêche aux flambeaux qui se prolongent jusqu'aux heures blêmes du petit matin. Seul à bord, il n'aime rien tant que se jeter à l'eau sous l'oeil réprobateur de Bernard et Raymond qui, en bons marins, tiennent les bains de mer pour d'imprudentes lubies de Parisien.

Dans ce bleu indigo où il s'ébroue comme un dauphin, Maupassant ne souffre plus. Oubliés les névralgies, les maux d'estomac, les douleurs oculaires et ces visions en forme de pressentiments comme le soir où, le soleil s'abaissant sur les eaux, la baie de Cannes lui fit l'effet d'un grand lac de sang, fumant dans le crépuscule. Aussi bien la mer lui est-elle indispensable, grand rêve inaccessible, illusion de quiétude en quoi il aspire à se fondre pour tuer le mal, enrayer la déperdition d'énergie, abolir les images de dédoublement qui, de plus en plus fréquemment, le hantent.

Signe prémonitoire : le 13 novembre 1889, Hervé, complètement fou, s'éteint à Lyon dans d'atroces souffrances. Brisé de douleur, Guy se remémore les derniers instants de son frère, rongé par cette même effroyable chose qui croît dans sa pauvre tête, dans ses veines, dans ses membres et dont il pressent que, tôt ou tard, elle le détruira comme elle a détruit Hervé. *Ah ! le pauvre corps humain, le pauvre esprit, quelle saleté, quelle horrible création. Si je croyais au Dieu de vos religions, quelle horreur sans limites j'aurais pour lui !*

Le 28 juillet 1890, Maupassant et François descendent du rapide de Marseille, cérémonieusement accueillis par le chef de gare de Cannes, suivi à quelques encablures de Bernard et Raymond qui chargent le léger bagage du maître et de son valet. C'est qu'il n'est point question, cette année-là, de louer à terre. Hormis la première nuit, passée au Splendid-Hôtel (5), on s'installe à bord du Bel Ami. Finies les réceptions, les dîners fins, les croisières huppées. Le temps presse. Maupassant n'entend partager le tête à tête avec "la Bleue" qu'avec ses braves matelots et son fidèle François.

Le lendemain, Maupassant rend visite à sa mère qui a loué la villa des Ravenelles, 140, rue de France. La maison n'a qu'un étage mais, bâtie sur une hauteur, elle domine la mer. L'endroit est calme et reposant. Laure de Maupassant s'y sent bien. Sa santé s'est améliorée. Elle dort maintenant sans chloral et reprend goût à la lecture. *Mon maître me dit qu'il est content de l'installation de sa mère, que l'air est très bon là, entre la mer et la terre, et qu'il viendra aussi habiter Nice l'automne prochain.*

Tout le mois d'août, le Bel Ami croise au large de Saint-Raphaël, Sainte-Maxime, Saint-Tropez, Pampelonne, le Cap Camarat. Maupassant passe le plus clair de son temps à la barre de son *grand oiseau blanc*. Derniers moments de bonheur. La maladie, à présent, ne lui laisse que peu de répit. Il est glacé jusqu'aux os. Ses yeux le torturent. Il n'a plus la force de repousser les hallucinations. Sa mémoire le trahit.

Au printemps 1891, il est, de nouveau, à Nice où le parfum des orangers apaise, pour un temps, ses nuits agitées de grand malade. Il embarque sur le Bel Ami, armé de pied en cap pour un grand voyage. Raymond et Bernard ont fait réviser les feux et installer un compas tout neuf. On s'est muni de fusils et de carabines américaines conformes aux instructions du maître. On met à la voile. A Cannes, Maupassant descend à terre. François le voit pénétrer dans un jardin qui borde la route de la Croisette : *Il allait retrouver la dame à la tenue modeste, impeccable et rigide, l'énigmatique.* Cette femme ultime François pense à elle, en frissonnant d'inquiétude, comme à l'Ange de la Mort.

Son état empire de jour en jour. Localisée au départ, la syphilis atteint le cerveau. Hallucinations, névralgies, douleurs d'estomac, font de sa vie un supplice permanent. Sa conduite est souvent bizarre, ses propos incohérents. Comme le nageur qui coule à pic, Maupassant se

YACHT "BEL-AMI"

Yawl de 20 Tx

Désarmé dans le Port d'ANTIBES (Alpes-Maritimes)

Le Bel Ami II

rend parfaitement compte que la raison le fuit, que son moi se disloque, et que la vie lui échappe.

Songe-t-il que la Côte peut encore opérer un miracle ou, à tout le moins, prolonger l'accalmie ? Le 2 novembre 1891, il est au Chalet de l'Isère (6), à l'angle de l'avenue de Grasse et de la rue Louis Blanc. *J'ai loué à Cannes un chalet charmant à l'abri de tous les vents, en plein midi [...] Une volée de marches pour parvenir au premier étage. Au second, juste sous le grenier, j'avais une chambre claire où j'avais installé mes livres. De la fenêtre la vue était splendide. J'avais sous les yeux la moitié de Cannes avec le port où se balançait mon cher bateau. Cette maison me plaisait. A ce moment, si elle avait été à moi, je l'aurais appelée ma chaufferette.*

L'arrière-saison est superbe. Maupassant se promène, voit des amis, sort en mer. *Son bateau semble lui tenir au coeur plus que jamais.* Sa robuste constitution donne le change. On lui trouve meilleure mine ; il a recouvré l'appétit ; sa mémoire lui revient. Tous les deux ou trois jours, il va à Nice déjeuner chez sa mère à qui il s'efforce de faire bonne figure. Mais ce n'est qu'une façade de bonne santé derrière laquelle tout craque et se lézarde. Plus question d'écrire. La nuit, le délire le prend, des spectres se dressent devant ses yeux hagards. Il a recours à l'éther pour maintenir à distance la douleur qui le taraude.

Le 2 décembre, il envoie un billet à Marie Kann : *Mon état est désespéré. Je n'osais pas vous écrire la vérité. Je l'ai écrite à votre soeur. Je ne puis même me coucher tant les accidents cérébraux deviennent alors terribles. C'est fini, fini de moi par cette bêtise stupide que j'ai faite, mais il n'y a pas d'espoir à garder. C'est à vous que vont mes dernières pensées.* Et quelques jours plus tard à Me Godet : *Je suis mourant. Je crois que je serai mort dans deux jours. Occupez-vous de mes affaires et mettez-vous en relation avec Me Colle, mon notaire à Cannes. C'est un adieu que je vous envoie [...] C'est la mort imminente et je suis fou ! Ma tête bat la campagne. Adieu ami, vous ne me reverrez pas !*

A Noël, il fait faux bond à sa mère pour aller réveillonner aux îles de Lérins avec deux amies. Mystérieuse soirée dont on ne sait pas grand-chose sinon qu'elle fut sans doute plus pathétique que scandaleuse. Le lendemain, Maupassant prend sa canne et part en promenade sur la route de Grasse. Dix minutes plus tard, François le voit revenir, les yeux exorbités, livide d'épouvante. Sur la route du cimetière (7), il a vu un fantôme. Cette nuit-là, on barricade le Chalet de l'Isère pour en interdire l'accès à la sinistre apparition.

Le 27, Maupassant donne l'ordre d'appareiller. Ce sera la dernière sortie de cet amoureux de la mer et du soleil qui s'ingéniait désespérément à fuir sur l'eau le fatal tréponème qui le dépossédait peu à peu de lui-même. Ses forces l'abandonnent ; ses jambes se dérobent ; c'est à peine s'il peut monter dans le canot et débarquer. Au cours du

Chalet de l'Isère
42 av. de Grasse, Cannes

dernier repas pris en compagnie de sa mère, le 1er janvier 1892, il ne peut cacher plus longtemps sa déchéance. *Et je vis s'enfoncer dans la nuit, exalté, fou, divaguant, allant je ne sais où, mon pauvre enfant*, devait écrire Laure de Maupassant au comble du désespoir.

A Cannes, il gagne péniblement sa chambre. Il se plaint d'atroces douleurs dans le dos et demande à François de lui poser des ventouses. A onze heures et demie, il se met au lit, boit une tasse de camomille et grignote quelques grains de raisin. Le fidèle valet attend qu'il se soit assoupi pour se coucher à son tour. A deux heures moins le quart, réveillé par un cri déchirant, il se rue dans la chambre de son maître : Maupassant est debout, la gorge béante. Sans doute a-t-il voulu se servir du revolver dont François et les deux matelots avaient ôté les balles. Il s'est alors emparé d'un coupe-papier dans l'intention de se trancher la carotide. Raymond et François ne sont pas trop de deux pour maîtriser le robuste Normand dont la folie décuple les forces. Lorsque le docteur de Valcourt arrive au Chalet de l'Isère, Maupassant a retrouvé son calme et reçoit sans prononcer une parole les soins que nécessite son état.

Quand le médecin fut parti, écrit François, *il nous dit tous ses regrets d'avoir fait une pareille chose et de nous causer tant d'ennui. Il nous donna la main, à Raymond et à moi ; il voulait nous demander pardon de ce qu'il avait fait, il mesurait toute l'étendue de son malheur ; ses grands yeux ouverts se fixaient sur nous pour nous demander quelques paroles de consolation, d'espoir, si c'était possible.* Transporté cinq jours plus tard à la célèbre clinique du docteur Blanche, 17, rue Berton à Passy, Maupassant y devait traîner son esprit hébété de folie et son pauvre corps pétrifié par degrés par la paralysie générale jusqu'à ce que la mort vienne le délivrer dans un dernier spasme d'épilepsie à onze heures trois quarts du matin le 6 juillet 1893.

Avant de le hisser dans le train qui l'emportera loin de Cannes pour tou-jours, quelqu'un eut l'idée de mener l'auteur de *Mont-Oriol* sur le port, dans l'espoir que la vue de son bateau provoquerait un ultime sursaut de raison. *Ce jour clair de janvier*, écrit Armand Lanoux, *les Cannois virent s'avancer une étrange troupe de messieurs graves sur le quai des yachts, au bas de la vieille église, devant l'immense golfe bleu. Dans l'odeur inoubliable de la mer et du vernis des coques, un lourd gaillard bouffi de mauvaise graisse, les yeux globuleux, titube entre deux infir-miers, les bras serrés par la camisole de force. Le ciel bleu, l'air limpide, la ligne élégante de son yacht chéri, tout parut le calmer. Son regard devint doux [...] Il contempla longuement son navire, d'un oeil mélan-colique et tendre [...] Maupassant remua les lèvres mais aucun son dis-tinct ne sortit. Comme on l'emmenait, il se retourna plusieurs fois sur son bateau. Rien ne pouvait plus rien pour le malheureux.*

"Antibes, effet d'après-midi", Claude Monet, 1888

huile sur toile, 66 x 82 cm, don de Samuel Dacre Bush, Musée des Beaux-Arts, Boston

Maupassant rencontre Monet en 1885 à Etretat : *J'ai souvent suivi Monet à la recherche d'im-pressions. Ce n'était plus un peintre, en vérité, mais un chasseur [...] Et le peintre, en face du sujet, attendait, guettait le soleil et les ombres, cueillait en quelques coups de pinceau le rayon qui tombe ou le nuage qui passe, et, dédaigneux du faux et du convenu, les posait sur la toile avec rapidité.* En janvier 1888, Monet se rend à Antibes où, sur les conseils de Maupassant, il descend au châ-teau de la Pinède. Il y retrouve le paysagiste Harpignies et sa cour de disciples. Il écrit : *Je peins la ville d'Antibes, une petite ville fortifiée, toute dorée par le soleil, se détachant sur de belles mon-tagnes bleues et roses et la chaîne des Alpes éternellement couvertes de neiges. C'est si clair, si pur de rose et de bleu que la moindre touche pas juste fait une tache de saleté.*

Itinéraires

1. Cannes

Antibes et Cannes émergent comme les deux pôles essentiels de cet itinéraire maupassantien : Antibes ou le recueillement, l'oeuvre en cours, la santé en équilibre précaire et les derniers instants de répit volés au destin ; Cannes ou la dissipation, les vaines mondanités, les joutes amoureuses, l'énergie gaspillée à tort et à travers, le tréponème triomphant, le suicide manqué et l'ultime départ dans la nuit de la déraison.

En mars 1884, il prend à bail la villa Monplaisir, un logis modeste situé dans la *rue du Redan* aujourd'hui *rue Jean Dollfus* (1). Badinage et canotage occupent le plus clair de son temps. De 1885 à 1887, il est à Antibes, mais les femmes qui s'ennuient et les hommes qui s'amusent l'attirent à Cannes comme un aimant attire la limaille.

En janvier 1888, il loue un trois pièces, Villa Continentale, *au 6 de l'actuelle rue Guy de Maupassant* (2), joli appartement bien ensoleillé que François Tassart, tout ému, revisitera en juin 1922. Maupassant s'emporte contre tous ces princes, aussi nombreux que le vermicelle dans le potage, qui encombrent la Croisette, les tripots, les champs de courses, les courts de tennis.

C'est avant midi qu'il faut voir et être vu sur la Croisette (3). S'y côtoient l'opérette et la tragédie : *La Croisette est une longue promenade en demi-cercle qui suit la mer depuis la pointe, en face Sainte-Marguerite, jusqu'au port que domine la vieille ville. Les femmes jeunes et sveltes – il est de bon goût d'être maigre – vêtues à l'anglaise, vont d'un pas rapide, escortées par de jeunes hommes alertes en tenue de lawn-tennis. Mais de temps en temps, on rencontre un pauvre être décharné qui se traîne d'un pas accablé, appuyé au bras d'une mère, d'un frère ou d'une soeur. Ils toussent et halètent, ces misérables, enveloppés de châles, malgré la chaleur, et nous regardent passer avec des yeux profonds, désespérés et méchants. Ils souffrent, ils meurent car ce pays ravissant et tiède, c'est aussi l'hôpital du monde et le cimetière fleuri de l'Europe aristocratique.*

La mort, en ce pays, est un masque de carnaval qui sème les roses sous les pas de ses victimes. Maupassant se laisse entraîner dans la bataille de fleurs qui fait rage sur la Croisette et dans la *rue d'Antibes* (4) : *Je ne voulais pas y aller*, confie-t-il à son valet. *Ce genre de divertissement ne me tente guère d'habitude. Cependant, aujourd'hui, me trouvant sur place avec deux amis, nous avons pris une voiture et nous nous sommes jetés dans la mêlée. Tout le long du boulevard, une double file d'équipages enguirlandés allait et venait comme un ruban sans fin. De l'un à l'autre on se jetait des fleurs. Elles traversaient l'air comme des balles, frappant les frais visages, voltigeant et retombant dans la poussière où une armée de gamins les ramassaient. Dans les voitures on s'appelait, on se reconnaissait, on se mitraillait avec des roses. Ce que nous avons accablé, bombardé même, ce pauvre duc de Chartres ! Il ne savait plus comment faire pour se dissimuler quand il nous voyait arriver. Je me suis bien amusé, plus que je ne l'aurais cru.*

On retrouve Maupassant dans sa garçonnière cannoise, Villa Continentale, de novembre 1888 à mars 1889. Quelque peu réconcilié avec les vermicelles qui troublaient si fort son potage, il prie à dîner la bonne société aristocratique, met le point final à son roman *Fort comme la mort* et embarque sur le Bel Ami tout le gratin du Faubourg Saint-Germain.

Une partie de pêche aux flambeaux entre les îles de Lérins réunit une société moins huppée mais plus chère à son coeur : Henri Brainne, René Billotte, Pol Arnault,

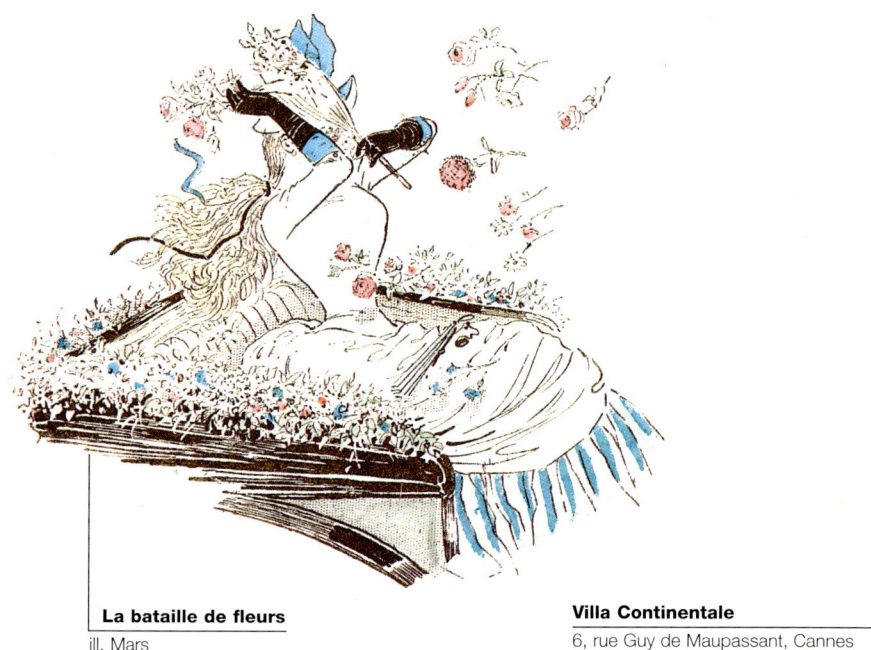

La bataille de fleurs

ill. Mars

Villa Continentale

6, rue Guy de Maupassant, Cannes

Georges Legrand, Edmond Lepelletier, Stéphane Mallarmé, le comte Joseph Primoli, tous francs et joyeux compagnons, et deux dames dont les "noms de guerre" laissent deviner des personnes accortes, Madame la Gamine et Madame Olympe ! Mallarmé, sous la voûte constellée d'étoiles et devant Cannes illuminée, se fait lyrique : *Voyez, voyez ! Les étoiles mirent leurs yeux dans la mer, nous sommes au Caire, ce tableau a la magie divine du Nil.*

François Tassart expédie en trois lignes le séjour qu'effectue Maupassant à Cannes du 12 janvier au 15 mars 1890. Le 28 juillet de la même année, il est de retour. Il passe la nuit au Splendid Hôtel, *rue Centrale* (aujourd'hui *rue Félix Faure*) (5) et embarque aussitôt sur le Bel Ami. Plus que jamais, il veut quitter la terre ferme où sa raison divague : *J'aime cette mer sur laquelle je trouve enfin toute mon indépendance.* Cruelle illusion dont il n'est pas dupe, tant il voit bien que son état empire et que ses facultés l'abandonnent.

Croit-il encore aux vertus curatives de la mer et du soleil ? Le 2 novembre 1891, de retour à Cannes, il s'installe au Chalet de l'Isère, *42, ave de Grasse* (6). Dans une lettre au docteur Cazalis, il se félicite d'avoir loué *ce chalet en plein soleil et tout à fait joli, avec un délicieux jardin.* [...] *Tout cela très élégant, très coquet, charmant.* François Tassart vante, à son tour, les mérites du Chalet de l'Isère :

De la fenêtre de sa chambre, mon maître voit la pleine mer, la pointe de l'Esterel qui avance dans la nappe bleue et aussi le phare. Il est ravi de cet horizon et de son logis, qui répond bien à ce qu'il désirait pour se reposer. Il est seul dans sa petite maison, pas de piano ni en dessous ni au-dessus, pas de proches voisins, une vue étendue et son petit jardin au centre duquel il fait planter une corbeille d'oeillets.

Le Chalet de l'Isère existe toujours, à l'angle de l'avenue de Grasse qui monte au Cimetière du Grand Jas (7) et de la rue Louis Blanc. Il abrite aujourd'hui une pension de famille dirigée par Monsieur et Madame Santoro. Une plaque sur la façade rappelle que Maupassant séjourna en ce lieu à la fin de sa vie ; une citation extraite de *Sur l'Eau* complète l'information : *Tout est aimable sur ce délicieux rivage de Cannes.* Suprême ironie ! En cette fin d'année 1891, qu'y-a-t-il encore d'aimable ou de délicieux dans le combat d'arrière-garde que livre l'écrivain contre le mal qui l'investit. Les lettres expédiées du Chalet de l'Isère reflètent le désespoir d'un homme qui se sait condamné : *Certains chiens qui hurlent expriment très bien mon état. C'est une plainte lamentable qui ne s'adresse à rien, qui ne va nulle part, qui ne dit rien et qui jette dans les nuits le cri d'angoisse enchaînée que je voudrais pousser* [...] *Si je pouvais gémir comme eux, je m'en irais quelquefois, souvent, dans une grande plaine ou au fond d'un bois et je hurlerais ainsi, durant des heures entières, dans les ténèbres.*

2. Antibes

La villa Le Bosquet que Maupassant loua à la veille de Noël 1885 selon François Tassart, au début du mois de février 1886 selon Maurice Muterse, existe toujours. Rebaptisée La Bastide du Bosquet, elle se cache au fond de *l'avenue du Bosquet* (8), petite traverse du Chemin des Sables, à l'orée du Cap d'Antibes. Cette belle bastide provençale appartient à Christian et Sylvie Aussel, héritiers de Maurice Muterse, qui louent des chambres d'hôtes tout le long de l'année.

François Tassart, le fidèle valet de Maupassant, a décrit dans ses *Souvenirs*, publiés chez Plon en 1911, ce que fut l'ordinaire des jours à la villa Le Bosquet : *Cette maison déjà ancienne, a d'un côté l'aspect d'un long mur ; aucune issue, ni fenêtres, ni portes ; la façade regarde le Sud et donne sur une grande cour bordée de très beaux bouquets d'arbres. On aperçoit des champs, de belles vignes en rapport, plus loin des oliviers, et tout là-bas, au bout du cap, un grand phare blanc. L'hiver était doux ; tous les jours après son déjeuner, mon maître venait s'asseoir avec sa mère sur un banc placé devant le salon, en plein soleil et bien abrité de cet air froid du Nord, qui descend parfois des Alpes couvertes de neige, si éloignées en apparence lorsqu'il fait beau, et si rapprochées les jours assez rares où les cimes retiennent les nuages. Le matin, il se plaît beaucoup à faire les cent pas dans une allée, à droite de la maison, formée d'énormes lauriers d'espèces variées, de poivriers, de beaux palmiers. Au bout, la serre, puis un plant d'oliviers, dont plusieurs centenaires...*

Sollicité par un conférencier, Maurice Muterse décrit Maupassant au travail : *Il n'avait pour tous matériaux qu'une table avec du papier blanc, de l'encre et des plumes d'oie, et un feu d'enfer dans la cheminée, une température minimum de vingt degrés lui étant, disait-il, indispensable pour travailler. Il se promenait de long en large dans la pièce, composait sa phrase, s'asseyait et la couchait d'un seul trait sur le papier, reprenait sa promenade, écrivait de la même façon la phrase suivante, et ainsi de suite jusqu'à la dernière ligne de l'ouvrage. Son manuscrit, écrit du premier jet, sans le secours d'une seule note, d'une netteté absolue et ne portant pas trace de rature, était envoyé tel quel à l'impression.*

Dans sa thébaïde antiboise, Maupassant reçoit peu. Il consacre ses journées à l'oeuvre en cours. Le soir, rapporte Muterse, il s'autorise quelques escapades : *Une voiture venait souvent le prendre, avant ou après le dîner, et le conduisait à Cannes auprès d'une femme dont le mari était absent et qui s'embêtait* ! De ces femmes avides de tromper leur ennui, la vie de Maupassant est remplie.

Il ne lui faut pas plus d'un quart d'heure à pied pour rejoindre au port Aubernon (9) dans la *baie de la Salis*, la petite yole qu'il troque contre le premier Bel Ami, ancré au port d'Antibes. François Tassart ne nous laisse rien ignorer de sa nouvelle passion : *De temps en temps, mon maître fait une sortie avec sa Louisette qui est sur un corps mort dans le port Aubernon (Baie de la Salice) (sic). Cette barque ne pouvant servir qu'à de petites promenades, il achète le Bel Ami afin de pouvoir faire de véritables courses le long des côtes ; mon maître en est content. Maintenant il s'arrête peu sur le banc ; sitôt le déjeuner terminé, il descend à Antibes voir son Bel Ami. Monsieur Muterse, ancien capitaine de la marine, l'accompagne souvent dans ces sorties avec son nouveau bateau ; ils sont devenus par la suite de vrais amis, ayant l'un pour l'autre une très grande estime. Ce fut Monsieur Muterse qui donna à mon maître Bernard, ce marin aussi prudent qu'avisé, souple, aux bonnes manières, matelot parfait pour la navigation de plaisance.*

Sans doute parce que la villa Le Bosquet n'était pas disponible plus de deux mois par an, Maupassant se met en quête d'une location de longue durée, plus proche du port d'Antibes et de son Bel Ami. Le fidèle valet nous renseigne sur le résultat de ses démarches : *Un soir, mon maître arrive un peu en retard pour le dîner. Tout de suite il se met à raconter qu'il vient de louer un chalet se composant de deux corps de bâtiment, l'un au Sud, l'autre au Nord, de sorte, disait-il, que cette maison peut être habitée pendant toutes les saisons ; Madame s'y installera tout à fait et nous, nous pourrons venir à n'importe quel moment. C'est très beau, il y a une vue splendide ; la propriété touche à la route d'Antibes à Cannes ; la petite montagne où elle est située s'appelle la Badine.*

Au Chalet des Alpes, situé *22, route de la Badine* (10), Maupassant séjourna d'octobre 1886 à avril 1887. Nous connaissons la configuration des lieux et l'emploi du temps de l'écrivain grâce aux souvenirs de François Tassart : *Mon maître marche de long en large dans son cabinet de travail, situé au deuxième étage ; je devrais plutôt dire qu'il va d'une fenêtre à l'autre, car cette pièce formant demi-cercle est trouée de cinq ouvertures. Quelle que soit celle où l'on regarde, on a l'immensité devant soi, à perte de vue. Du côté Nord, ce sont d'abord, semés partout, les faîtes des petites montagnes couvertes de sapins et, adossés à leurs flancs, l'on aperçoit des groupes de maisons for-*

mant des villages. Toutes sont peintes en rose et blanc, l'effet en est pittoresque et ravissant. Puis la chaîne des Alpes se déroule jusqu'à la frontière, on entrevoit l'Italie, Nice, la promenade des Anglais et le superbe golfe des Anges dans toute son étendue ; bordant le golfe, une ligne noire : c'est la voie ferrée. Plus près, un fort dans la mer en forme d'étoile (11), Antibes, avec deux tours carrées (12) et ses remparts à la Vauban, les glacis, le champ de manœuvres tout gris, près duquel se détache un quadrilatère vert foncé. C'est le cimetière des Antibois, ombragé de cyprès élancés, semblant se mirer dans les eaux de la petite crique qui entoure le port [...] Par les fenêtres au Sud, le cap avec son immense fouillis de verdure aux reflets argentés ; plus à droite, le golfe Juan et les îles de Lérins se voient bien. Les deux tours carrées que Maupassant décrit comme les deux cornes d'un casque antique correspondent à la Cathédrale et au Château Grimaldi, devenu Musée Picasso.

Les hiverneurs (sic) *ne sont pas encore arrivés. Monsieur de Maupassant organise son temps ; il se lève à huit heures, descend prendre l'air dans le jardin à l'ombre des poivriers qui laissent descendre leurs branches légères vers la terre, comme les saules pleureurs. Ils sont gais et reposants tout l'hiver, ces "pipers" avec leurs feuilles couleur de plomb qui semblent argentées quand le vent les fouette [...] Mon maître travaille jusqu'à onze heures, prend sa douche et déjeune à midi ; vers deux heures, il fait une promenade, souvent dans les forêts qui se trouvent à droite de Vallauris et s'étendent très loin vers la montagne. Un jour, il s'égara dans ces bois, où les ravins seuls servent de routes ; il était neuf heures et demie du soir quand il rentra ; nous étions très inquiets. Il nous raconta les péripéties de sa promenade, les arbres géants qu'il avait vus sur les rochers, dans des endroits presque inaccessibles ; il termina en disant : "Sans ma boussole, je ne puis dire quand je serais sorti de ce bois ; j'étais bien perdu !"*

Autre but de promenade : la Villa Bellevue, à *la Fontonne* (13), où son frère Hervé, nouvellement marié à une jeune fille de Thorenc, Marie-Thérèse de Fanton d'Andon, exploite un petit domaine horticole. Guy a investi dans l'affaire, moins par intérêt que pour tenter de guérir Hervé du mal qui le ronge et déclenche chez lui de brusques accès de violence. Le travail et la famille n'opéreront point le miracle escompté : au début de 1888, son état empirant, Hervé devra faire de fréquents séjours dans des maisons de santé ; en 1889 il sera définitivement interné dans un asile d'aliénés. La Villa Bellevue est tombée sous le pic des démolisseurs. Elle s'élevait à l'emplacement actuel du service de cardiologie de l'hôpital de la Fontonne.

Chalet des Alpes
22 route de la Badine, Antibes

Mais dans Antibes *fille de la mer, petite pêcheuse, autrefois guerrière*, c'est le port (14) qui attire Maupassant jour après jour sans qu'il puisse s'en lasser. Du deuxième étage du Chalet des Alpes, il peut voir l'extrémité du mât du Bel Ami, qui danse au milieu des grée- ments. Lorsque le temps est beau, Bernard et Raymond hissent le pavillon dès neuf heures du matin et se tiennent prêts à appareiller. Guy descend jusqu'au port et embarque, seul ou avec quelques amis de passage. Dans la préface qui ouvre le recueil de scènes marines publiées par René Maizeroy sous le titre *La Grande bleue* (Plon, 1888), Maupassant évoque avec tendresse *la petite ville poussée dans l'eau et qui sent la mer à plein nez, qui vit de la mer, qui s'y baigne et qui se battit du temps fameux des marins épiques*. En fait de marins épiques, il ne reste plus qu'une faune pittoresque de vieux loups de mer fatigués que Paul Arène a bien campés dans *Le Canot des six capitaines*. Voici Antibes, écrit Maupassant, *Antibes,*

La vue depuis le Chalet des Alpes
les Alpes, la Baie des Anges et le Vieil Antibes

enfermée, bloquée, étreinte en sa double enceinte de murs énormes, construits par Vauban. Elle est dans l'eau tout à fait, sur une pointe qui forme presque une île, et on voit, par les jours clairs, sur le petit quai du port, chauffant au soleil leurs vieux membres, le peuple lent des anciens matelots assis côte à côte et parlant, par moments, des navigations passées. Leurs visages sont fendus par les rides comme les bois anciens sous le soleil et les pluies, tannés et bruns comme les poissons séchés au four et grimaçants, déformés par l'âge.

3. Nice

C'est là où demeure Laure de Maupassant. Ecoutons Armand Lanoux qui reste le meilleur biographe de l'auteur de *Boule de Suif* : *Il se rend régulièrement à Nice, à la villa des Ravenelles, 140 rue de France, où sa mère, aussi nomade que lui, a loué une maison provençale d'un étage, sur un tertre qui domine la baie des Anges. La petite demeure existe toujours, au fond de la rue Renoir, aveuglée par les grands immeubles de la rue de France et de la Promenade. Du jardin où ils déjeunent souvent, Guy voit frissonner les palmiers de Moussia, à cent mètres.* (*Maupassant le Bel Am*i, Fayard, 1967). Moussia, autre-

Villa des Ravenelles

14, rue Renoir (au 140, rue de France) Nice

Laure de Maupassant survécut dix ans à son fils Guy. C'est aux Ravenelles que la mort vint la sur-
prendre en 1903. En 1895, elle avait rédigé ses dernières volontés : ... *Si rien ne s'y oppose, j'ai-
merais reposer dans le petit cimetière de Saint-Hospice, près St Jean, bien au soleil et en vue de
la mer. Si la chose offre trop de difficultés, je prie mes amis de me choisir une place soit dans le
cimetière du château, soit dans le cimetière St Roch ; mais toujours en vue de la mer et au soleil,
dans un endroit pas trop aride.*

ment dit Marie Bashkirtseff, dont la villa, aujourd'hui détruite, était
située au *numéro 55 bis* (actuel *numéro 63*) *de la promenade des
Anglais*. François Tassart relate une visite de Maupassant à la villa des
Ravenelles, le 29 juillet 1890. La vue est superbe. Il fait chaud. Sa
nièce Simone, fillette blonde comme les blés, s'amuse au jardin. Le
déjeuner est parfait. En regagnant la gare, Maupassant se demande
s'il ne ferait pas bien de venir habiter près de sa mère lorsque l'automne sera venu. Le 22 août, le Bel Ami relâche à Nice. Déception.
Décidément, ce port sent trop le commerce pour mon tempérament.
Néanmoins, il s'y installe en février 1891, louant un appartement à mi-

chemin du port et de la demeure de Madame de Maupassant. Mais son état de santé s'est aggravé. Il se plaint à tout propos, perd le sommeil, redoute la solitude et ne peut supporter la foule : *Dans notre grand appartement entouré de plantes odorantes, Monsieur de Maupassant paraît s'ennuyer ; tout ce monde qui fourmille dans les rues de Nice l'obsède* (F. Tassart). Pendant l'hiver 1891-1892, il prend le train de Nice tous les deux ou trois jours pour déjeuner avec sa mère. Le 1er janvier 1892, le drame commencé villa des Ravenelles se dénoue à Cannes. Acte de démence ou de lucidité, couronné par l'échec, la folie et la mort.

4. Sur l'Eau

Ce *journal de rêvasseries* en quoi Jean-Jacques Brochier voit une sorte de manifeste de l'œuvre de Maupassant, dessine un itinéraire maritime qui fait pendant à l'itinéraire terrestre comme le bonheur fait pendant au malheur. De l'aveu de l'auteur, *Sur l'Eau* est le récit d'une croisière effectuée sur le Bel Ami du 6 au 14 avril 1888. On ne doit pas être surpris de retrouver, ici ou là, le matériau à peine retravaillé d'anciennes chroniques. Passé maître dans l'art d'accommoder les restes, Maupassant n'en était pas à sa première bordée. Ce récit de voyage au bout de soi-même que Morand a appelé *le diurnaire d'un hypocondre*, est un journal de bord dont il est aisé de suivre les étapes sur une carte marine.

Après avoir quitté Antibes, prise dans son corset de murailles, passé le golfe de la Salis et franchi la Garoupe, le Bel Ami double le Cap Gros. Sur le Cap d'Antibes, *longue excroissance de terre, jardin prodigieux jeté entre deux mers où poussent les plus belles fleurs de l'Europe, nous voyons encore des villas, et tout à la pointe, Eilen-Roc (15), ravissante et fantaisiste habitation qu'on vient visiter de Nice et de Cannes*. Il découvre, à bâbord, les îles de Lérins, si coquettes et charmeuses qu'on les dirait jaillies d'un décor de théâtre : Saint Honorat (16) et son château à la Walter Scott, toujours battu par les vagues, *où les moines autrefois se défendirent contre les Sarrasins* ; et Sainte Marguerite (17) *terminée vers la terre par la forteresse célèbre où furent enfermés le Masque de fer et Bazaine*. En dépit du mystère qui s'attache au premier et de l'évasion rocambolesque du second, Maupassant traite avec dédain ce château d'opérette *qui a l'aspect d'une vieille maison écrasée, sans rien d'altier et de majestueux. Il semble accroupi, lourd et sournois, vraie souricière à prisonniers.*

Maupassant sur le pont du bateau devant le Suquet

ill Lanos, 1932

...je montai m'asseoir au grand air. Autour de moi, Cannes étendait ses lumières. Rien de plus joli qu'une ville éclairée, vue de la mer. A gauche, le vieux quartier dont les maisons semblent grimper les unes sur les autres, allait mêler ses feux aux étoiles ; à droite, les becs de gaz de la Croisette se déroulaient comme un immense serpent sur deux kilomètres d'étendue. Et je pensais que dans toutes ces villas, dans tous ces hôtels, des gens, ce soir, se sont réunis, comme ils ont fait hier, comme ils feront demain et qu'ils causent (Sur l'Eau).

Le regard embrasse le Golfe-Juan (18) où six cuirassés et deux avi-
sos tirent sur leurs ancres. *Les cuirassés ont l'air de rocs, d'îlots,
d'écueils couverts d'arbres morts*. Trois tartanes à voiles latines mettent un peu de couleur dans le paysage. Le Bel Ami approche de l'escadre puis vire de bord, passe les Formigues (19) *que signale une
tour*, le roc de Saint-Ferréol (20) tout hérissé de pointes où fut inhumé
Paganini, et la barrière de récifs des Moines (21) qui a causé plus d'un
naufrage car aucun feu n'en signale la présence à la nuit tombée.

Le Monastère fortifié de l'île Saint-Honorat

ill. Lanos, 1932

La mer qui se lève brusquement force le Bel Ami à gagner le port de Cannes (22), *port dangereux que rien n'abrite, rade ouverte à la mer du sud-ouest qui y met tous les navires en danger.* Normand à l'esprit pratique, héritier d'une race industrieuse, Maupassant ne peut s'empêcher de morigéner les gens du Sud : *Quand on pense aux sommes considérables qu'amèneraient dans cette ville les grands yachts étrangers, s'ils y trouvaient un abri sûr, on comprend combien est puissante l'indolence des gens du Midi qui n'ont pu encore obtenir de l'Etat ce travail indispensable.*

A trois heures du matin, le Bel Ami met à la voile, traverse le golfe de Cannes et longe l'Esterel. *La longue côte rouge tombe dans l'eau bleue qu'elle fait paraître violette. Elle est bizarre, hérissée, jolie, avec des pointes, des golfes innombrables, des rochers capricieux et coquets, mille fantaisies de montagne admirée. Sur ses flancs, les forêts de sapins montent jusqu'aux cimes de granit qui ressemblent à des châteaux, à des villes, à des armées de pierres courant l'une après l'autre. Et la mer est si limpide à son pied, on distingue par places les fonds de sable et les fonds d'herbes.*

Entre la pointe du Cap Roux et le Dramont, *la rade d'Agay (23) forme un joli bassin bien abrité, fermé d'un côté, par les rochers rouges et droits, que domine le sémaphore, au sommet de la montagne, et que continue, vers la pleine mer, l'Ile d'Or (24), nommée ainsi à cause de sa couleur ; de l'autre, par une ligne de roches basses, et une petite pointe à fleur d'eau portant un phare pour signaler l'entrée.*

Le vent étant tombé brusquement, Maupassant descend à terre. Sa canne ferrée à la main, il s'enfonce

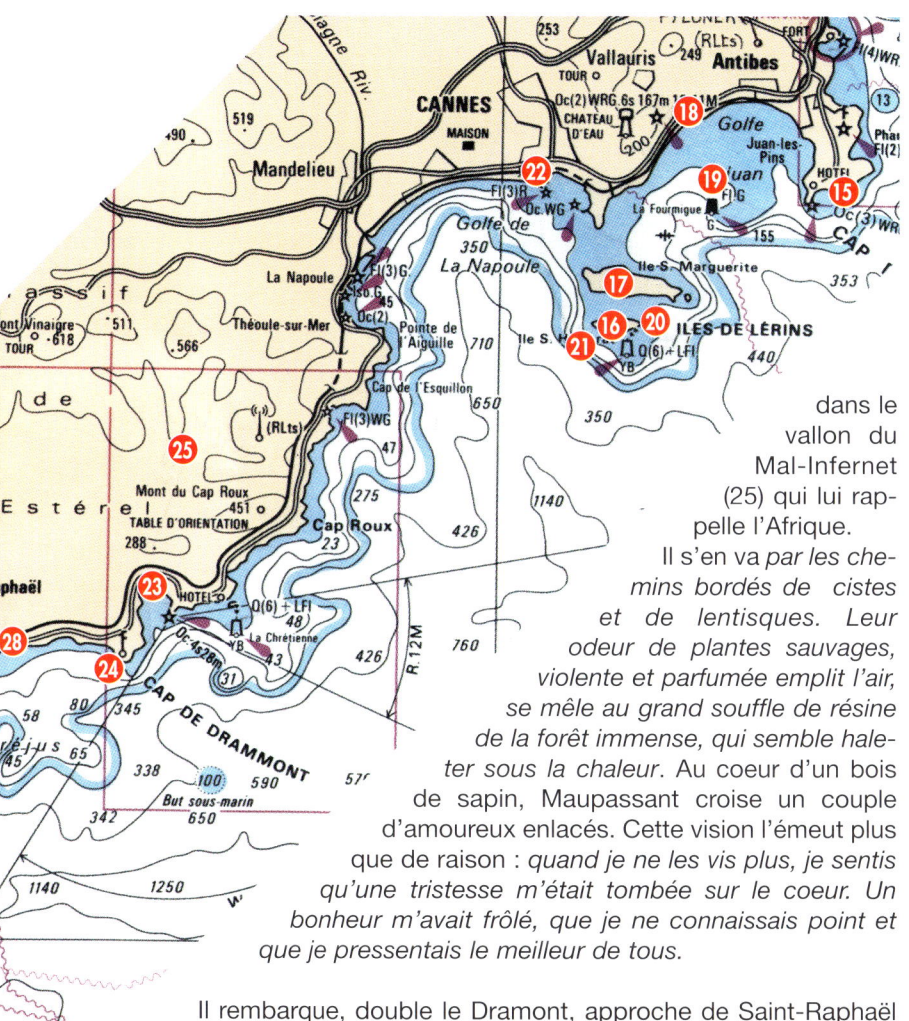

dans le vallon du Mal-Infernet (25) qui lui rappelle l'Afrique.

Il s'en va *par les chemins bordés de cistes et de lentisques. Leur odeur de plantes sauvages, violente et parfumée emplit l'air, se mêle au grand souffle de résine de la forêt immense, qui semble haleter sous la chaleur.* Au cœur d'un bois de sapin, Maupassant croise un couple d'amoureux enlacés. Cette vision l'émeut plus que de raison : *quand je ne les vis plus, je sentis qu'une tristesse m'était tombée sur le cœur. Un bonheur m'avait frôlé, que je ne connaissais point et que je pressentais le meilleur de tous.*

Il rembarque, double le Dramont, approche de Saint-Raphaël (26) dont il aperçoit du Bel Ami *les villas cachées dans les sapins, dans les petits sapins maigres que fatigue tout le long de l'année l'éternel coup de vent de Fréjus.* A terre, une noce lui inspire quelques digressions cruelles sur la stupidité du mariage, la laideur des hommes et l'abrutissement des foules. Une promenade en canot sur l'Argens (27) dissipe ses idées noires : *Le marais m'enivre et m'affole. Après avoir été tout le jour le grand étang silencieux, assoupi sous la chaleur, il devient, au moment du crépuscule, un pays féerique et surnaturel [...] J'y sens comme la révélation confuse d'un mystère inconnaissable, le souffle originel de la vie primitive.*

L'escadre à Golfe-Juan

En août 1891, il essaiera de retrouver ces sensations si vives. En pure perte : *Je n'y retournerai pas*, dit-il à son valet. Pour fuir la chaleur accablante, il explore les environs : *Dès le matin, mon maître va faire un tour dans les bois de Boulouris* (28), pour y chercher un peu de fraîcheur. Il passe et repasse par l'avenue ombragée qui relie Saint-Raphaël à Fréjus. A son avis, sur cette promenade, il y a toujours de l'air, quel que soit le temps. Il a baptisé cette route "le Zéphyr de Fréjus" (29) (*Souvenirs* de François Tassart). Il prend pension dans un hôtel entouré de pins situé en bordure du chemin de halage qui épouse les contours du rivage. Le 20 août 1890, il rend visite à Alphonse Karr qui a transporté ses pénates de Nice à Saint-Raphaël et habite sur le bord de la mer une petite villa baptisée "Maison close", située au 313 de l'avenue Raymond Poincaré (30).

Etape ultime de cette croisière, voici enfin le golfe de Grimaud, et juste derrière Saint-Tropez (31). *Loin du monde, séparée de la France par ces montagnes sauvages, sans villages et sans routes, qu'on nomme les montagnes des Maures, n'ayant de rapport avec les terres habitées que par une diligence antique et un petit bateau à vapeur qui reste au port les jours de mauvais temps, Saint-Tropez est, certes, la*

"Portrait de Maupassant" Gervex, 1886

Ce portrait est unique. Maupassant appréciait le peintre Gervex, joyeux compagnon, farceur et amateur de jupons. En 1886, il l'invita à Antibes. Tous les matins, Gervex s'installait pour peindre tandis que Maupassant écrivait. Et pour la première fois, surmontant la peur que lui inspirait sa propre image dans les miroirs et les photographies, il accepta de poser pour un peintre.

plus curieuse des petites villes marines du Midi. Une route, depuis deux ans, la liait à Saint-Raphaël. La mer a détruit cette route. Et nous sommes ici dans un pays bizarre, plein de souvenirs des Maures qui l'occupèrent longtemps et bâtirent presque tous les villages sur les sommets côtoyant la mer ; car, dans le centre des montagnes, on ne trouve rien, ni hameaux ni fermes, rien que des huttes isolées et une ruine d'une morne beauté, la Chartreuse de la Verne.

Saint-Tropez, la première pêcheuse de ces côtes, assise au bord du golfe dont l'antique tour de Grimaud ferme le fond, montre avec orgueil sur son quai la statue du Bailli de Suffren [...] *Aujourd'hui elle pêche ! Elle pêche des thons, des sardines, des loups, des langoustes, tous les poissons si jolis de cette mer bleue, et nourrit, à elle seule, une partie de la côte.* Mais la ville du Bailli attire aussi les requins de la spéculation. *Quiconque a gagné dix mille francs sur un champ achète pour dix millions de terrains à vingt sous le mètre pour le revendre à vingt francs.* Malgré cette frénésie, source de retentissantes faillites, Saint-Tropez demeure, à l'instar d'Antibes, *une de ces charmantes et simples filles de la mer, une de ces bonnes petites villes modestes, poussées dans l'eau comme un coquillage, nourries de poissons et d'air marin et qui produisent des matelots.*

Maupassant déjeune à l'hôtel du Bailli de Suffren, monte jusqu'à Cogolin (32) en char à bancs et se fait conduire à la Chartreuse de la Verne (33). En août 1890, François Tassart nous le décrit foulant d'un pas joyeux le sable de la plage de Pampelonne (34) : *Mon maître se taisait, sa figure rayonnait et laissait voir l'émotion qu'il éprouvait devant cette splendeur de la nature. Il se mit à marcher, scandant ses pas sur le sable fin de la plage. Il se dirigeait maintenant vers le centre de la vallée, avançait vite, serrant dans sa main droite son ombrelle blanche et, de temps en temps, faisant une petite pause, il retirait son lorgnon bleu, puis repartait en silence.*

L'embouchure de l'Argens

Copyright
Agnès de Maistre
ISBN : 2-84194-006-3

Plans
Art Page

Mise en page, photogravure, flashage
MacMEDIA

Crédits photographiques
Philippe Carbon, Paul Maurt (p. 4-5, 44, 4ème de couv.)
Roger-Viollet (p. 14-15) José Cucurello (p. 45)
Musée des Beaux-Arts, Boston (p. 24-25)

Achevé d'imprimer en Italie en janvier 1997
(Microart's S.p.A. - Recco)
Dépôt légal janvier 1997

Illustrations
4ème de couverture, "Le port Aubernon", auj. port de la Salis
et p. 48 "Marais d'Argens", ill. Lanos, 1932

DEMAISTRE
6, rue Paul Bounin 06100 Nice
Tél./ Fax : 04 93 51 82 59